HÔTEL DE FRANCE
ET D'ANGLETERRE
Rue Filles-Saint-Thomas, 10
Et rue Richelieu, 72

PARIS

PARIS A LA MAIN

GUIDE
DES ÉTRANGERS

—

OFFERT
PAR L'HOTEL

—

1857

AVIS ESSENTIEL

Ne pas oublier de se munir de son passe-port. S'adresser à son Excellence le Ministre d'État, pour avoir la collection de billets dont il peut disposer.

Afin de faciliter à nos nombreux lecteurs le choix des établissements qui ont mérité notre confiance, et pour diriger utilement leurs acquisitions, nous avons recueilli, avec une scrupuleuse exactitude, le nom et l'adresse des principales Maisons de Paris.

PALAIS DES TUILERIES.

Résidence Impériale. — Le Palais peut être visité avec la permission du commandant du Palais, lorsque l'Empereur ne l'habite pas.

PALAIS DE VERSAILLES ET DE TRIANON.

Les Palais de Versailles et de Trianon sont visibles tous les jours, de 11 à 4 heures, excepté le lundi.

Prendre pour y aller le chemin de fer rive droite aux demies, ou la rive gauche aux heures.

MANUFACTURES IMPÉRIALES.

La Manufacture Impériale de Sèvres est visible tous les jours, de 11 à 4 heures, excepté les Dimanches et Fêtes, avec une permission du Ministre d'État, ou sur le vu d'un passe-port. Mêmes chemins de fer.

La Manufacture Impériale des Gobelins est visible le mercredi et le samedi, de 2 à 4 heures en été et de 1 à 3 en hiver, avec une permission demandée au Ministre d'État ou à l'Administrateur de la Manufacture.

SAINTE-CHAPELLE.

La Sainte-Chapelle est visible tous les jours, avec une permission du Ministre d'État ou sur le vu d'un passe-port.

TOMBEAU DE L'EMPEREUR. — HOTEL DES INVALIDES.

Le Tombeau de l'Empereur est visible pour tout le monde le lundi, de midi à 3 heures, et le jeudi aux mêmes heures, sur la présentation d'un passe-port.

Les Plans en Relief, aux Invalides, sont visibles du 1er mai au 15 juin, en adressant une demande de billets au Général président du comité des fortifications ou sur le vu d'un passe-port.

HOTEL DE VILLE.

Les Appartements de l'Hôtel de Ville sont visibles les jeudis, sur la présentation d'un billet délivré par le Préfet de la Seine ou sur le vu d'un passe-port.

Nota. — A l'approche des fêtes données par l'Hôtel de Ville, les appartements ne peuvent être visités.

MUSÉES.

Les Musées du Louvre sont visibles tous les jours, de 10 à 4 heures, excepté les lundis.

Le Musée du Luxembourg est visible tous les jours, de 11 à 4 heures, excepté les lundis.

Le Musée de Versailles est visible tous les jours, de 11 à 4 heures, excepté les lundis.

Le Musée des Thermes et de l'Hôtel de Cluny est ouvert pour tout le monde les dimanches, de 10 à 4 heures. Les mercredis, jeudis et vendredis, il est visible de midi à 4 heures, sur le vu d'une permission demandée au Directeur du Musée ou sur le vu d'un passe-port.

Le Musée d'Artillerie, place Saint-Thomas d'Aquin, est visible les jeudis, sur la présentation d'un billet demandé au Conservateur du Musée ou sur le vu d'un passe-port.

Le Musée des Monnaies est visible les mardis et vendredis, de midi à 3 heures.

Les mêmes jours, de 10 à 1 heure, on peut visiter les Ate-

Méd. 1re classe. Exp. univ.

M^{on} FRAINAIS et GRAMAGNAC

PRIX FIXE

39, rue Feydeau et rue Richelieu, 39

PARIS

CACHEMIRES DES INDES

FABRIQUES DE DENTELLES

ALENÇON, BRUXELLES, CHANTILLY

Fabrique de Châles français

ÉTOFFES DE SOIE

UNIES ET FAÇONNÉES POUR ROBES

CONFECTIONS ET FOURRURES

CORBEILLES DE MARIAGE

ROBES ET MANTEAUX DE COUR

MAISONS DE GROS

8, rue Royale,	rue de Malines, 31
A LYON.	A BRUXELLES.

liers, sur la présentation de billets délivrés par le Président de la Commission des Monnaies.

Le Muséum d'Histoire naturelle, au Jardin des Plantes, est visible les mardis, jeudis et samedis, de 11 à 2 heures, avec des billets demandés au Directeur ou sur le vu d'un passe-port. Les mardis et jeudis, il est ouvert au public, de 2 à 5 heures, et le dimanche, de 1 à 5 heures.

CONSERVATOIRE DES ARTS ET MÉTIERS.

Le Conservatoire des Arts et Métiers, rue Saint-Martin, est ouvert au public les dimanches et jeudis, depuis 10 jusqu'à 4 heures.

EXPOSITION DES PRODUITS DE L'ALGÉRIE.

L'Exposition permanente des Produits de l'Algérie, rue de Grenelle-Saint-Germain, 107, est visible tous les jeudis, sur la présentation de cartes délivrées par M. le Maréchal Ministre de la Guerre.

BIBLIOTHÈQUES.

La Bibliothèque Impériale, rue Richelieu, est visible pour le public, les mardis et vendredis, de 10 à 3 heures.

La Bibliothèque Sainte-Geneviève, place du Panthéon, est visible tous les jours, excepté les dimanches et fêtes.

Les Bibliothèques Mazarine et de l'Arsenal sont visibles tous les jours, de 10 à 3 heures, excepté les dimanches.

ÉGLISES LES PLUS REMARQUABLES.

Notre-Dame et ses Tours. — Saint-Gervais. — Saint-Merry. — Saint-Nicolas des Champs. — Saint-Eustache. — Saint-Vincent de Paul. — Notre-Dame de Lorette. — La Madeleine. — Saint-Roch. — Saint-Severin. — Saint-Sulpice et ses Tours. — Saint-Germain des Prés. — Sainte-Geneviève, son Dôme et ses Tombeaux. — Saint-Étienne du Mont. — Sainte-Clotilde.

CONFECTION

HAUTE NOUVEAUTÉ
E. BOUDET
10, rue de Ménars
MANTEAUX, MANTELETS, SORTIES DE BAL

TAPIS

DÉPOT GÉNÉRAL
20, RUE VIVIENNE, 20

REQUILLART✱, ROUSSEL ET CHOCQUEEL
MANUFACTURIERS
à Tourcoing (Nord) et à Aubusson (Creuse)
FOURNISSEURS BREVETÉS DE LL. MM. L'EMPEREUR
ET L'IMPÉRATRICE

MÉDAILLE D'HONNEUR
aux Expositions universelles de Londres et de Paris
Tapis et Étoffes d'ameublement
DE TOUT GENRE

PRIX DE FABRIQUE

ÉGLISES DES DIFFÉRENTS CULTES.

ÉGLISE RÉFORMÉE DE FRANCE, à l'Oratoire, rue St-Honoré, 157.
Dimanche, à 11 heures 1/2 du matin. Culte et prédication.
— 7 heures 1/2 du soir. —

A Pantemont, rue de Grenelle-Saint-Germain, 106.
Dimanche, à 11 heures 1/2 du matin. Culte et prédication.
— 7 heures 1/2 du soir.

ÉGLISE ÉVANGÉLIQUE DE LA CONFESSION D'AUGSBOURG.
à la Rédemption, rue Chauchat, 6.
Dimanches et jours de fêtes, à 11 heures 1/2 précises.

Aux Billettes, rue des Billettes, 18 (près de l'Hôtel de Ville).
Dimanches et jours de fêtes, à midi.

ÉGLISE MÉTHODISTE WESLYENNE, rue Royale, 23.
Le dimanche à 2 heures 1/2, et le vendredi à 7 h. 1/2 du soir.

Chapelle de la rue de Chateaubriand, 7, (près de l'Arc de Triomphe de l'Étoile.)
Le dimanche à 11 heures.

ÉGLISE ÉVANGÉLIQUE DE FRANCE.
Église Taitbout, rue de Provence, 54.
Dimanche à midi et à 7 heures 1/2. Culte et prédication.

ÉGLISE RÉFORMÉE ÉVANGÉLIQUE, rue de Chabrol, 29.
Dimanche à 10 heures 1/2 du matin.

TEMPLE ISRAÉLITE.
La synagogue est rue Notre-Dame de Nazareth, 15.
Le service aura lieu du 8 novembre au 5 janvier à 4 heures du soir, du 5 au 13 janvier à 5 heures, du 14 janvier au 28 février à 5 heures 1/2, du 28 février au 21 mars à 6 heures, du 21 mars au 11 avril à 6 heures 1/2, du 11 avril au 2 mai à 7 heures, tous les soirs.

TEMPLE ISRAÉLITE PORTUGAIS, rue Lamartine, 29.
Les heures de service sont les mêmes que ci-dessus.

GRANDS
MAGASINS DE NOUVEAUTÉS
A LA TENTATION
Faubourg Saint-Honoré, 59, 61
Place Beauveau

SOIERIES, NOUVEAUTÉS, 49 fr. la robe
ROBES FANTAISIE, 3 volants, 15 fr. la robe
GRAND CHOIX DE CONFECTION
pour Dames

Lingeries, Dentelles, Rubans, Chemiserie
GANTS DE PEAU, 2 fr. — MOUCHOIRS BATISTE BRODÉS, 2 fr. 25

103, rue Neuve-des-Petits-Champs
au coin de la rue de la Paix.

PARFUMERIE THÉRAPEUTIQUE
de CHARDIN Jne

PARFUMERIE FINE ET ARTICLES DE TOILETTE
SAVONS A LA CRÈME DE FRAISE
FRAISALIA, EAU DE TOILETTE RAFRAICHISSANTE
VIOLETTE DE MARS
PARFUM POUR LE MOUCHOIR

MONUMENTS QU'ON PEUT VISITER TOUS LES JOURS
(sans permission).

Le Palais du Sénat, de 10 à 4 heures, quand il n'y a pas de séance.
La Bourse, surtout de 1 à 3 heures les jours ouvrables.
L'Arc de Triomphe de l'Étoile.
La Colonne de la Place Vendôme.
La Tour Saint-Jacques.
La Colonne de Juillet.
La Chapelle Expiatoire, rue de l'Arcade.
Le Palais de Justice.
Le Cimetière du Père Lachaise.

MINISTÈRES.

PRÉFECTURE DE LA SEINE ET DE POLICE.

Pour obtenir audience des ministres, faire une demande motivée par écrit.

Intérieur. Rue de Grenelle-Saint-Germain, 101-103. — Les bureaux sont ouverts le mardi et le jeudi, de 11 à 3 heures.

Affaires Étrangères. Rue de l'Université, 130.
Les bureaux sont ouverts, le mardi et le vendredi, de midi à 3 heures.
Pour faire viser les passe-ports, tous les jours de la semaine, de 11 à 4 heures.

Finances. Rue de Rivoli, 234.—Les bureaux sont ouverts tous les jours de la semaine, de 10 à 4 heures.

Guerre. Rue Saint-Dominique-Saint-Germain, 86. — Le public est admis le mercredi, de 2 à 4 heures.

Marine. Rue Royale-Saint-Honoré, 2. — Les bureaux sont ouverts le jeudi, de 2 à 4 heures.

Justice et Cultes. Place Vendôme, 13. — Les bureaux de la justice sont ouverts le vendredi, de 2 à 4 heures.

Agriculture, Commerce Travaux publics. Rue Saint-Dominique, 62 — Les bureaux sont ouverts le mardi et le vendredi, de 2 à 4 heures.

Instruction publique. Rue de Grenelle-Saint-Germain, 110. — Les bureaux sont ouverts le jeudi, de 2 à 4 heures.

Ministère d'Etat. Place du Carrousel. — Les bureaux sont ouverts tous les jours, de 10 à 4 heures.

Mmes PALMIRE CHARTIER et Cie

COUTURIÈRES EN ROBES

Fournisseurs brévetées de S. M. l'Impératrice des Français
et de S. A. I. la princesse Mathilde

de S. M. la reine d'Angleterre, de S. M. la reine d'Espagne
et de plusieurs autres Cours étrangères.

Robes, Manteaux de Cour, Robes de Bal

Assortiment d'Étoffes riches

HAUTE NOUVEAUTÉ EN CONFECTION

PARIS
15, rue Laffite, 15.

SPÉCIALITÉ DE BLANC
EN FIL ET EN COTON
MAISON DE PREMIER ORDRE

Toiles, Linge confectionné, Rideaux, Trousseaux
Layettes, Lingerie, Dentelles

AU FLAMAND
135, rue Montmartre, 135

Ministère de la Maison de l'Empereur. Rue de Rivoli, 16. — Les bureaux sont ouverts tous les jours, de 10 à 4 heures.

Préfecture du département de la Seine. Place de l'Hôtel de Ville. — Les bureaux sont ouverts tous les jours, de 10 à 4 heures.

Préfecture de Police. Rue de Jérusalem, au Palais de Justice. — Les bureaux sont ouverts tous les jours, de 9 à 4 heures.

AMBASSADES.

Ecrire aux Ambassadeurs pour obtenir audience.

Angleterre. Rue du Faubourg-Saint-Honoré, 39. — Bureaux de la Chancellerie et du Consulat. De 11 à 2 heures; pour le visa des passe-ports, les déposer de 11 à 1 heure, les reprendre à 2 heures.

Autriche. Rue de Grenelle-Saint-Germain, 87. — De 1 à 3 h.
Belgique. Rue de la Pépinière, 97. — De midi à 2 h. 1/2.
Espagne. Rue de Courcelles, 29. — De 1 à 3 heures.
États-Unis d'Amérique. Rue Beaujon, 13. — De midi à 2 h.
Grèce. Rue du Cirque, 20. — De midi à 3 heures.
Naples. Rue du Faubourg-Saint-Honoré, 47. — De 1 à 3 h.
Portugal. Rue d'Astorg, 12. — De midi à 1 heure 1/2.
Prusse. Rue de Lille, 78. — De midi à 1 heure 1/2.
Pays-Bas, rue du Cirque, 2. — De 11 à 1 heure.
Rome. Nonce du Pape, rue de l'Université, 69. — De 11 à 1 heure.
Russie. Faubourg Saint-Honoré, 33. — De midi à 2 heures.
Sardaigne. Rue Saint-Dominique, 133. — De 11 à 2 heures. Bureaux de la Chancellerie ouverts de 2 à 4 heures, visa des passe-ports de 11 à 2 heures.
Suède et Norwége. Rue d'Anjou-Saint-Honoré, 74. — De 6 à 1 heure.
Turquie. Bureaux, rue de la Victoire, 44. — De 2 à 3 heures.

MAISON F. NAREY

HAUTES NOUVEAUTÉS

EN SOIERIES ET FANTAISIES DE LUXE

7, rue Grammont

249, rue Saint-Honoré, 249

FOURRURES

A LA REINE D'ANGLETERRE

ARTICLES POUR

CORBEILLES DE MARIAGE

CONFECTION DE MANTEAUX

POUR DAMES

AUX DEUX SŒURS

(ancienne maison)

16, rue du Dauphin, 16

Premier magasin à gauche, en entrant par la rue St-Honoré

JACQUET

SPÉCIALITÉ DE CHAUSSURES POUR HOMMES, DAMES ET ENFANTS

PRIX DES PLACES AUX DIFFÉRENTS THÉÂTRES DE PARIS

Théâtres	Fauteuils d'orch. (fr. c.)	1res Log. de côté (fr. c.)	Av.-Scènes 1res (fr. c.)	Loges de Balcon (fr. c.)	Baignoir. de face (fr. c.)	1res Log. de face (fr. c.)	Stalles d'amphith. (fr. c.)	Loges du foyer (fr. c.)	Av.-Sc. du foyer (fr. c.)	Avant-Scènes de rez-de-chauss. (fr. c.)
Opéra	8	7	8	8	8	8	10	12	12	10
Français	5	»	»	8,60	»	6	»	8,60	»	8
Opéra-Comique	6	5	5	»	6	7	»	7	7	7
Théâtre-Italien	10	»	»	»	»	10,50	10	»	»	»
Théâtre-Lyrique	4	3	4	»	3,50	4	»	5	6	6
Odéon	2,50	3	»	3	2,50	5	»	5	5	5
Vaudeville	5	3	5	»	5	5	»	5	6	6
Variétés	5	»	3	»	4	4	2,50	4	3	6
Gymnase	5	3	6	»	4	5	»	6	6	5
Palais-Royal	5	»	5	5	5	4	»	»	»	5
Porte-St-Martin	3	»	5	4	4	5	»	5	5	5
Gaîté	4	»	5	»	2,50	6	»	»	5	6
Ambigu	3	»	6	3	2,50	4	»	»	6	5
Cirque-Impérial	3	»	3	»	»	2,25	»	»	5	2,75
Folies-Dramatiq.	1	»	2,50	»	»	2	»	»	2,75	3,50
Folies-Nouvelles	3	»	»	»	»	3	»	»	3,50	»
Bouffes	4	4	5	3	»	5	»	»	3	5

NOTA. Les prix des places, prises en location, sont augmentés de 1 à 2 francs.

48, rue de Luxembourg, 48
(Boulevard des Capucines).

ÉVENTAILS

A. RODIEN, succ. de V. VIGINET
Fournisseur breveté de S. M. l'Impératrice.

ÉVENTAILS artistiques et de fantaisie ;
pour Corbeilles de mariage, Soirées, Bals, etc.
ÉCRANS.

DENTIERS sans RESSORTS
DE
D. GION

M. GION est le SEUL MÉDECIN-DENTISTE parisien qui ait obtenu une Médaille à l'Exposition Universelle de 1855. On voit dans son Cabinet les pièces artificielles qui lui ont fait décerner cette haute récompense.

GUÉRISON ET CONSERVATION
DES DENTS CARIÉES ET DOULOUREUSES
SANS EXTRACTION

7, rue de la Paix, 7
PARIS

SUITE DU PRIX DES PLACES AUX DIFFÉRENTS THÉATRES DE PARIS

Théâtres	Faut. de Balcon	Faut. de 1re gal.	2es Loges de face	2es Loges de côté	3es Loges de face	3e Galerie de côté	1re Galerie	2e Galerie	Pourtour	Parterre
	fr. c.	f. c.	f. c.	f. c.	f. c.	f. c.	f. c.	f. c.	f. c.	f. c.
Opéra	6 60	» »	» 30	» »	» »	2 50	» »	» »	» »	» »
Français	6 50	» »	3 »	4 »	» »	» »	» »	» »	2 50	4 »
Opéra-Comique	10 »	6 »	2 »	8 »	6 »	5 50	» »	3 »	» »	2 50
Théâtro-Italien	4 »	3 »	9 »	» »	» »	» »	5 50	» »	» »	4 »
Théâtro-Lyrique	3 »	2 50	» »	» »	2 »	» »	2 50	» 50	» »	1 »
Odéon	5 »	5 »	2 »	1 50	» »	1 50	» »	» 75	3 »	1 »
Vaudeville	5 »	4 »	2 »	2 50	2 »	1 25	» »	» »	2 50	2 »
Variétés	5 »	4 »	3 »	2 50	» »	» »	» »	» »	2 »	2 »
Gymnase	5 »	4 »	» »	» »	» »	» »	2 50	» »	2 50	2 50
Palais-Royal	4 »	4 »	4 50	1 50	» »	» »	1 50	1 25	3 50	1 »
Porte-St-Martin	4 »	4 »	2 50	2 »	» »	» »	1 50	1 50	2 50	1 »
Gaîté	3 »	2 »	» »	» »	» »	» »	» »	» »	3 »	1 »
Ambigu	4 »	2 50	» »	» »	» »	» »	» »	» »	» »	» 25
Cirque-Impérial	2 50	1 50	2 50	» »	» »	» »	» 75	» 50	» »	» 75
Folies-Dramatiq.	1 50	1 »	» »	» »	» »	» »	» »	» »	» »	» 75
Folies-Nouvelles	3 »	» »	» »	» »	» »	» »	» »	» »	» »	1 50
Bouffes	4 »	4 »	2 50	» »	» »	» »	1 »	» »	» »	» »

L'étranger qui n'a que peu de temps à passer à Paris doit d'abord visiter :

L'OPÉRA.
LE THÉATRE-FRANÇAIS.
L'OPÉRA-COMIQUE.
THÉATRE-LYRIQUE, représentations de Mme Miolan-Carvalho.
LE THÉATRE DU GYMNASE.
LE THÉATRE DU VAUDEVILLE, une des meilleures troupes de Paris.
LE THÉATRE DES VARIÉTÉS.
LE THÉATRE DE LA PORTE-ST-MARTIN, drames à grand spectacle et ballets.
LE THÉATRE DU PALAIS-ROYAL.

MODES

MLLE SOLLER

Fournisseur de S. A. R. la princesse de Suède
et de Norwége

45, rue Neuve-Saint-Augustin, 45

PARIS

LINGERIE, NOUVEAUTÉS
MAISON PICHOT
JTA DE AGUIRRE PICHOT
FOURNISSEUR BREVETÉE DE S. M. L'IMPÉRATRICE
et de S. M. la Reine d'Espagne

Rue Neuve-des-Capucines, 24

AU ZÉPHYR
7, boulevard des Capucines, 7
HABILLEMENTS D'ENFANTS
MAISON SPÉCIALE
LAYETTES, TROUSSEAUX

BALS ET CONCERTS.

BALS DE L'OPÉRA, dirigés par Strauss. — Une pluie d'harmonies et de fleurs tombant en flots éblouissants sur un essaim de jolies femmes ; des quadrilles vertigineux bondissant sous l'archet magique de Strauss : voilà les Bals de l'Opéra, tous les samedis de minuit à 5 heures du matin, à dater du 15 décembre.

BALS DES CONCERTS DE PARIS (anciens Concerts-Musard), 8, boulevard des Capucines. — Tous les samedis fêtes de nuit musicales et dansantes, de 8 à 3 heures du matin. — CONCERTS-PROMENADES, tous les jours, de 7 heures 1/2 à 11 heures 1/2 du soir.

BALS DE LA SALLE SAINTE-CÉCILE, rue de la Chaussée-d'Antin, 49 bis. — Soirées dansantes, tous les mercredis et dimanches. Grandes fêtes tous les vendredis jusqu'à minuit.

Les cours de danse de M. Laborde, 30, rue de la Victoire, sont activement suivis les mardis, jeudis et samedis, de 9 à 11 h. 1/2 du soir. — Ces charmantes soirées sont le rendez-vous de la société la plus élégante.

CAFÉ DU HELDER

29, BOULEVARD DES ITALIENS, 29

Seul établissement où l'on trouve tous les journaux étrangers : LE TIMES, MORNING-HERALD, LE NORD, L'INDÉPENDANCE, etc.

Ce Café est fréquenté par les étrangers de distinction.

— 17 —

PAPIERS PEINTS

DÉCORATION D'APPARTEMENT

MASSIAS ET T^{le} PATTEY

16, boulevard Montmartre.

TAILLEUR

MAISON POMADÈRE

12, place de la Bourse

PARIS

CHAPELIER

PINAUD J^{te}

ET

AMOUR

87, rue Richelieu

FOURNISSEUR

DE S. M.

L'EMPEREUR

TARIF
DES VOITURES DE PLACE.

Tarif pour Paris.

	DE SIX H. DU MAT. A MINUIT.		DE MINUIT A SIX H. DU MATIN	
	La Course.	L'Heure.	La Course.	L'Heure.
	fr. c.	fr. c.	fr. c.	fr. c.
Voitures à 2 plac..	1 10	1 50	1 75	2 50
Voitures à 4 plac..	1 25	1 75	1 75	2 50
Voitures à 5 plac..	1 50	2 »	2 »	3 »

Tarif pour l'Extérieur.

En dedans du mur d'enceinte des fortifications.	L'Heure.	En dehors du mur d'enceinte des fortifications.	L'Heure.
	fr. c.		fr. c.
Voitures à 2 places.	1 50	Voitures à 2 places.	2 »
Voitures à 4 places.	1 75	Voitures à 4 places.	2 »
Voitures à 5 places.	2 »	Voitures à 5 places.	3 »

BIJOUTERIE ET ORFÉVRERIE
ALPH. GRIEU
FABRICANT JOAILLIER

75, rue Richelieu, 75.

COMMISSION POUR BRONZES D'ART

ET PENDULES

FONDERIE DE BRONZES D'ART

ET GRANDS BRONZES D'AMEUBLEMENT

GRAUX-MARLY

9, rue du Parc-Royal, 9

EXPOSITION DES PRODUITS

26, boulevard des Italiens, 26

FABRIQUES DE BRONZES
ROLLIN

55, rue de Bretagne, au Marais

PRÈS DU SQUARE DU TEMPLE

GRANDS MAGASINS DE PENDULES

LUSTRES, FLAMBEAUX, CANDÉLABRES

ENGLISH SPOKEN

TARIF DES VOITURES

SOUS REMISE.

Dans Paris.

DE SIX HEURES DU MATIN A MINUIT.

	La Course.	L'Heure.
	fr. c.	fr. c.
CABRIOLETS................	1 50	1 65
CALÈCHES ET COUPÉS.........	1 75	2 » »

DE MINUIT A SIX HEURES DU MATIN.

| CABRIOLETS................ | 2 fr. 50 c. l'heure. | |
| CALÈCHES ET COUPÉS......... | 3 » » | — |

Hors Paris.

	Cabriolets. L'Heure.	Calèches. L'Heure.
	fr. c.	fr. c.
Dans l'enceinte des Fortifications et du bois de Boulogne............	2 » »	2 50
Au delà des Fortifications.........	2 50	3 50

Avis. Les cochers sont tenus de faire 10 kilomètres à l'heure. On leur doit 1 franc pour leur retour, lorsque, sortant des fortifications, on ne les garde pas.

A LA GLANEUSE
28, rue de la Chaussée-d'Antin, 28

PASSEMENTERIE	RUBANNERIE
MERCERIE	GARNITURE
GANTERIE	ET AUTRES FRIVOLITÉS

Visitée de préférence par les Dames élégantes

FLEURS
—
TILMAN

FOURNISSEUR DE LL. MM. L'IMPÉRATRICE
et la reine d'Angleterre

COIFFURES DE BAL, ARTICLES DE COUR
104, rue Richelieu, 104

CORSETS ÉLASTIQUES
SANS COMPRESSION, BREVETÉS
Mme JACOBI
36, rue de la Paix, 36

FOURNISSEUR BREVETÉE DE S. A. R.
Madame la princesse Marie de Cambridge.

FABRIQUE DE FLEURS FINES
ÉDOUARD ROUSSEL, ÉLÈVE DE CONSTANTIN
10, rue Neuve-Saint-Augustin

PLAISIRS DE LA SEMAINE.

L'étranger qui n'aurait que huit jours à passer dans Paris, devrait employer ce temps de la manière suivante :

HEURES.	DIMANCHE.
10	Visiter le Palais-Royal.
11	L'église Saint-Roch.
12	La Colonne de la Place Vendôme.
12 1/2	L'église de la Madeleine.
1	Les boulevards.
2	L'église Saint-Vincent de Paul.
2 1/2	Prendre le chemin de fer du Nord pour voir Saint-Denis (son église et ses tombeaux).

	LUNDI.
10	Le Puits artésien de Grenelle.
11	L'Hôtel des Invalides.
11 1/2	Les Plans en relief (du 1er mai au 15 juin) (*).
12	Le tombeau de l'Empereur Napoléon.
1 1/2	Bois de Boulogne.
3	Pré Catelan.
4 1/2	Chapelle Saint-Ferdinand, à Neuilly.
5	Arc de Triomphe de l'Étoile.

	MARDI.
10	Prendre le chemin de fer (rive gauche) pour
10 1/2	Meudon, son château et son parc.
1	Manufacture de Sèvres (*).
3	Saint-Cloud (son parc et son château).
	NOTA. — Meudon, Sèvres et Saint-Cloud sont contigus.
5	La Chapelle Expiatoire, rue de l'Arcade.

	MERCREDI.
10	L'église Notre-Dame et la sacristie.
10 1/2	Le Palais de Justice.
11	La Sainte-Chapelle (*).
12	Le Musée de Cluny (*).

FABRIQUE DE CHOCOLATS

BLECH ET YVER
24, RUE NEUVE-DES-CAPUCINES, 24
(MAISON ALPH. GIROUX.)

Maison tout particulièrement recommandée pour la pureté et la bonté de ses produits.

BONBONS, CARTONNAGES DE LUXE, ARTICLES D'ÉTRENNES ET CADEAUX.

MAGASIN DE THÉS

MAGASIN DE JOUETS
27, boulevard des Italiens, 27
MAISON TEMPIER
DUMAREST, succ.

Tabletterie, Papeterie et Objets d'arts.
Trousseaux, Poupées nues et habillées, Voitures et Chevaux mécaniques pour enfants.

MAYER FILS
30, rue de la Paix, 30
GANTS ET ARTICLES DE FANTAISIE

HEURES.	MERCREDI (Suite).
1 1/2	L'église Saint-Étienne du Mont.
2	Sainte-Geneviève, son dôme et ses tombeaux.
2 1/2	Bibliothèque Sainte-Geneviève.
3 1/2	Musée du Luxembourg.
4 ·	Palais du Sénat.
4 1/2	Jardin du Luxembourg.
5	L'église Saint-Sulpice et ses tours.
5 1/2	L'église Saint-Germain des Prés.

JEUDI.

10	Visiter l'église Saint-Eustache.
10 1/4	Les Halles centrales.
10 1/2	L'église Saint-Merry.
11	Saint-Nicolas des Champs.
11 1/2	Conservatoire des Arts et Métiers.
1	Appartements de l'Hôtel de Ville (*).
2 1/2	Musée d'Artillerie (*).
3 1/2	Produits de l'Algérie (*).
4 1/2	Église Sainte-Clotilde.

VENDREDI.

10	Bibliothèque impériale.
11 1/2	Bibliothèque Mazarine.
12	Musée des Monnaies.
1	Palais des Beaux-Arts.
2	Musée du Louvre.
5	La Tour Saint-Jacques.

SAMEDI.

10	Bibliothèque de l'Arsenal.
11 ·	Le Jardin des Plantes.
12	Muséum d'histoire naturelle (*).
1 1/2	Les Gobelins (*).
3	La Colonne de Juillet.
3 1/2	Le Cimetière du Père Lachaise.

MAISON A PARIS		MAISON A VARSOVIE
Place Vendôme, 25		Faub. de Cracovie, 411

CZAPEK ET Cie
FABRICANTS D'HORLOGERIE
à Genève

HORLOGERS DE S. A. I. LE PRINCE NAPOLÉON

CHAUSSURES DE DAMES
— 17, rue de la Paix, 17. —

VIAULT-ESTÉ

Fournisseur breveté de S. M. l'Impératrice.

à Londres	Dépôts
chez THIERRY et SONS	à New-York
278, Regent-Street.	à Boston

MODES

Mme JULIE RENAULT

176, rue de Rivoli

BOTTIER
GUERRIER

5, rue de la Paix, 5. — PARIS.
ci-devant rue Vivienne, 8

CHAUSSURES DE VILLE ET DE COUR

Maison à Londres, 258, Regent-Street

HEURES.	DIMANCHE.
10 11 3	Prendre le chemin de fer pour Versailles, visiter son musée, son château et les deux Trianons.

Choisir autant que possible, pour visiter Versailles, un dimanche où les grandes eaux jouent.

NOTA. Tous les monuments suivis d'un astérisque ne peuvent être visités sans la présentation d'un passe-port. L'étranger qui aurait encore quelques jours à passer à Paris, pourrait visiter utilement :

Fontainebleau. — Prendre pour y aller le chemin de fer de la rive gauche (Lyon).

Compiègne. — Chemin du Nord.

Saint-Germain. — Rive droite. Ces châteaux sont visibles tous les jours sur le vu d'un passe-port.

Paris à Londres, par Dieppe et New-Haven. — 1re classe : 35 francs ; 2e classe : 25 francs. — Bureau spécial, rue de la Paix, 7. — Prendre le chemin de fer de l'Ouest, rue d'Amsterdam, 13.

Paris à Londres, en 12 heures, South Eastern Railway Company. — Billets directs par Boulogne et Folkestone.

Renseignements, prospectus, etc., etc., 4, boulevard des Italiens, en face la rue Richelieu.

PAPETERIE MAQUET

26, rue de la Paix, 26

BREVETÉ DE S. M. L'IMPÉRATRICE

Papiers chiffrés et armoiriés, Objets d'art,
Bois sculptés, Faïences italiennes, etc.

DURAND RUEL

Rue de la Paix, 1

Et rue Neuve-des-Capucines, 22

TABLEAUX MODERNES

PASTELS, AQUARELLES ET DESSINS

PORTRAITS

LEÇONS DE PEINTURE

MADAME DE MARQUET

ARTISTE PEINTRE

7, Chemin de ronde de la barrière de l'Étoile.

PHOTOGRAPHIE

PORTRAITS NOIRS ET COLORIÉS
REPRODUCTIONS, LEÇONS
20, rue de la Chaussée-d'Antin, 20.

CHEMISIER

SEPOT
20, rue de la Paix, 20.

CRAVATES. — GANTS. — MOUCHOIRS
CALEÇONS ET GILETS DE FLANELLE

MODES

MAISON BOURGEAS

MADAME LAMAIN, SUC.

39, boulevard des Capucines, 39

PARIS

COIFFEUR POUR HOMMES
DÉSIRÉ DUBOIS et Cie

6, rue de la Paix, au 1er, au fond de la cour
Coiffeurs de la Cour et du Jokey-club
PARFUMERIE, BROSSERIE
CRAVATES, NOUVEAUTÉS POUR HOMMES
ARTICLES ANGLAIS

PALAIS-ROYAL, GALERIE MONPENSIER, 7 ET 8

MAISON SMAL

FABRIQUE SPÉCIALE

DE

Nécessaires et Trousses de voyage, articles anglais, français, allemands et autres.

EMPLOI GÉNÉRAL DU CAOUTCHOUC

C. GUIBAL et Cie

BREVETÉ S. G. D. G.

40, rue Vivienne, Paris,

Médaille d'honneur à l'Exposition de 1855.

Vêtements imperméables, garantis en soie, Alpaga, Barpoor, Tissus de laine et de coton.
Articles de mercerie, Bretelles, Jarretières, Coussins, Oreillers, Balles et Ballons.
Application à l'industrie, Tuyaux, Rondelles, Tissus pour cordes, clapets, etc.

CONFISEUR
PAYANT
11, rue du Faubourg-Montmartre, 11

Grand choix de Bonbons assortis et Objets d'Étrennes
GOMME PRÉPARÉE POUR LES RHUMES
DRAGÉES FINES POUR BAPTÊMES

 ## PARAPLUIES PARAGON
ÉLÉGANCE, SOLIDITÉ, GARANTIE

Hautes nouveautés en Ombrelles, Cannes et Parapluies
MAISONS DE DÉTAIL
23, rue Vivienne, 10, Galerie d'Orléans (Palais-Royal)

VENTE EN GROS
4, RUE SAINTE-APPOLINE, 4

E. MARTIN Jne

HAFFNER frères

brevetés s. g. d. g.

FABRIQUE SPÉCIALE
de
COFFRES-FORTS
et
COFFRE-FORT MEUBLE

40, 42 et 44, pass. Jouffroy

USINES A VAPEUR

à Sarreguemines

(Moselle).

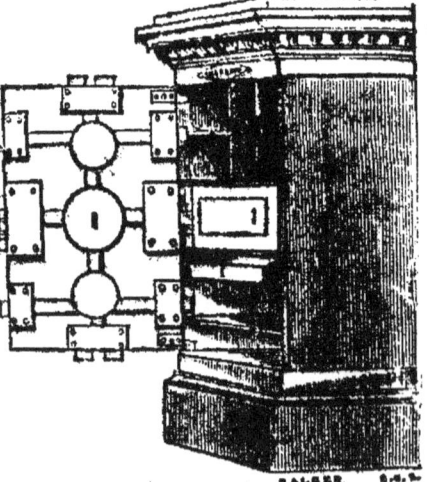

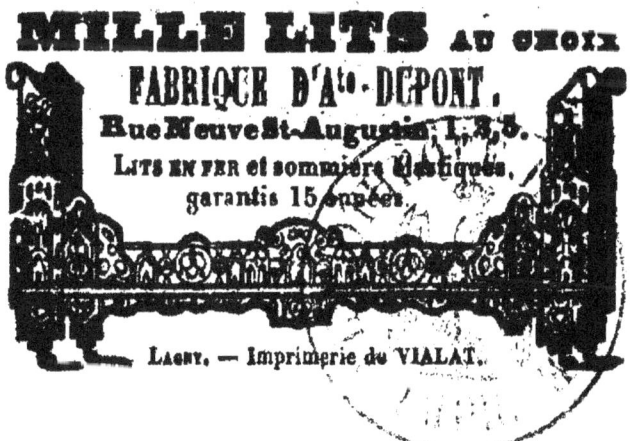

T. P. HOGG

PHARMACIEN DE L'AMBASSADE ANGLAISE, A PARIS

2, RUE CASTIGLIONE, 2

AU COIN DE LA RUE DE RIVOLI, PRÈS LE JARDIN DES TUILERIES

MAISON A LONDRES

PHARMACIE DE LA FAMILLE ROYALE

Spécialité pharmaceutique de tous genres

NOTA. LES ORDONNANCES ANGLAISES, FRANÇAISES OU ALLEMANDES SONT PRÉPARÉES AVEC GRAND SOIN PAR DES ÉLÈVES DE LONDRES, BERLIN ET PARIS, SOUS LA SURVEILLANCE ACTIVE ET CONSTANTE DE M. HOGG.

Lagny.—Imprimerie de Vialat.

www.ingramcontent.com/pod-product-compliance
Lightning Source LLC
Chambersburg PA
CBHW060548050426
42451CB00011B/1820